AF250518

# LA FRANCE

## ET LES

# ÉTATS CONFÉDÉRÉS

Paris.—Imp. Bonaventure et Ducessois, 55, quai des Augustins.

# LA FRANCE

## ET LES

# ÉTATS CONFÉDÉRÉS

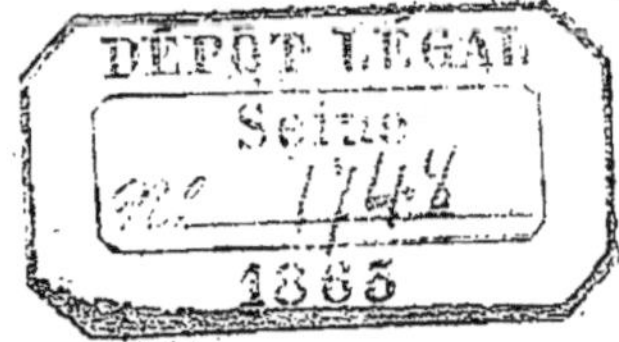


PAR

## John WELSFORD COWELL,

AGENT ET REPRÉSENTANT,
MUNI DE PLEINS POUVOIRS, DE LA BANQUE D'ANGLETERRE AUX ÉTATS-UNIS
DANS LES ANNÉES 1837, 1838 ET 1839.

PARIS

E. DENTU, LIBRAIRE-ÉDITEUR

PALAIS ROYAL, 17 ET 19, GALERIE D'ORLÉANS

LONDRES, HARDWICKE

192, PICCADILLY

—

1865

# LA FRANCE

## ET LES

# ÉTATS CONFÉDÉRÉS

---

## I

Tout le monde sait que la France a le désir,—désir bien naturel et tout à fait légitime,—d'acquérir sur mer la même suprématie qu'elle possède déjà sur terre. Or, tandis que la politique suivie par les hommes d'État anglais à l'égard des États confédérés de l'Amérique lui fournit à l'heure qu'il est la plus ample occasion d'atteindre le but de sa noble ambition, ses intérêts commerciaux et industriels lui font un devoir impérieux de la saisir ; car autrement ses fabricants sont destinés à dépendre surtout des possessions anglaises de l'Inde et d'autres contrées pour leur approvisionnement de coton. Ainsi deux motifs, l'un et l'autre assez puissants en soi, poussent la France à agir. Napoléon III a aujourd'hui sous la main le moyen de fonder l'avenir, la gloire de la marine et du commerce français sur une base que ses rêves les plus flatteurs n'ont jamais pu lui faire entrevoir et encore moins espérer ; et ses engagements avec l'Angleterre fussent-ils de nature à embarrasser son allure politique pour le moment, il n'est pas probable que, en présence de la vive préoccupation des intérêts commerciaux et industriels de la France au sujet de la grande crise qui se prépare, l'Empereur se résigne à l'inaction. Toutefois l'occasion qui se présente est fugitive de sa nature : les hommes d'État de l'Angleterre sont encore maîtres d'en écarter les avantages, et c'est ce qu'ils ne manqueront pas de faire, si la moindre hésitation de la part de la France leur en procure la chance. La France doit donc profiter sans retard de l'opportunité qu'aujourd'hui lui apporte et que demain peut faire évanouir, ou y renoncer absolument et pour toujours.

Pour expliquer cela clairement, il est nécessaire d'appeler l'attention sur les traits dominants de la position respective de chacune des deux parties avec lesquelles la France aura affaire.

Je commencerai par les Yankees. Le vaste développement que leur puissance maritime a pris pendant les cinquante années qui viennent de s'écouler a eu entièrement son origine dans le monopole que les habitants du sud des États-Unis leur ont accordé du transport de leurs produits bruts, coton, tabac, etc., en échange de produits manufacturés et de marchandises. Les produits indigènes des États du Nord, —ceux qui sont susceptibles de s'exporter à bord des navires, —sont peu nombreux ; mais les Yankees ont joui jusqu'à présent du privilége d'exporter une grande partie des grains et des autres denrées de l'Ouest ; néanmoins leur marine marchande, réduite simplement au transport de leurs propres produits et de ceux de l'Ouest, n'aurait jamais pu parvenir au développement prodigieux qu'elle avait atteint en 1860. D'ailleurs, les Yankees n'ont pas un nombre considérable de marins indigènes; les matelots qui travaillent à bord de leurs navires appartiennent à toutes les nations; ce sont principalement des Anglais. En 1839, ainsi que j'ai été à même de le constater, on en comptait de 40,000 à 50,000 employés constamment sur les bâtiments des Américains du Nord. Je n'ai pu m'assurer du chiffre auquel ce nombre s'est élevé depuis cette époque jusqu'en 1860, attendu que les Yankees ont bien soin de le cacher, et que les autorités anglaises ne prennent aucune mesure pour le vérifier.

Or, en 1860, dernière année de l'Union, le total des exportations de tous les États-Unis, non compris l'or de la Californie, s'élevait à une valeur de 70,000,000 livres sterling ou 1,750,000,000 francs en chiffres ronds. Si nous divisons ce total en deux parts, et que nous établissions une distinction entre les produits du Nord et ceux du Sud, nous trouvons que la valeur des produits du Nord exportés, y compris les denrées de l'Ouest et les réexportations de coton manufacturé, n'ont pas dépassé 18,000,000 livres sterling ou 450,000,000 francs, tandis que la valeur des produits du Sud exportés était de plus de 50,000,000 livres sterling ou 1,250,000,000 francs. Le tarif protecteur de 1816 livra positivement aux armateurs yankees le transport de tous les produits du Sud, dont le principal, le coton, est d'un volume énorme et demande beaucoup de place. Or de l'ensemble de ces considérations il ressort que pas moins des deux tiers des navires qui composaient la marine marchande des Yankees en 1860 avaient été construits dans le but de pourvoir au transport des exportations et des importations du Sud, et que cette partie de leur marine doit leur échapper, lorsqu'ils ne seront plus maîtres du transport des produits du Sud.

C'est pour rentrer en possession de cet élément important de puissance politique et de gain privé, qu'aujourd'hui les Yankees massacrent hommes, femmes, enfants, dans toute l'étendue du Sud, résolus qu'ils sont, comme cela est enfin évident pour tout le monde, à exterminer les habitants de ces contrées jusqu'au dernier, à s'emparer de leurs terres, de leurs foyers même (à moins que la population du Sud ne préfère retomber dans cette servitude fiscale, commerciale et maritime à laquelle les Yankees l'avaient soumise, et dont elle s'est affranchie en 1861). Mais, tandis que l'un des deux buts principaux que poursuivent les Yankees dans la guerre qu'ils font au Sud consiste à recouvrer le monopole des exportations de cette ancienne fraction de l'Union, monopole essentiellement nécessaire à l'existence des deux tiers de leur marine, le Sud, qui n'a point de navires à lui appartenant, est parfaitement libre de départir ce fécond élément de richesse et de puissance à n'importe quelle nation il lui plaira. C'est là, pour ainsi dire, la dot qu'il apportera dans une alliance avec la France ; que la France l'accepte, et elle n'aura plus à envier à l'Angleterre la possession bien moins utile et lucrative de l'Inde ou de l'Australie.

Un autre trait non moins saillant dans la situation des Yankees, c'est que l'échafaudage de leur industrie productrice et commerciale repose absolument sur le système protecteur. Je n'ai besoin ici de rien dire du système en lui-même ; les Yankees l'ont adopté sans restriction, et en ont fait le fondement des destinées de la domination qu'ils ont usurpée sur le reste des États souverains de l'Union. Sous son égide, ils n'ont cessé, depuis 1816, de placer des capitaux dans toute espèce d'industrie, agriculture, mines, manufactures, dans toute entreprise enfin à laquelle le climat et les conditions physiques du pays même ne refusaient point absolument de se prêter. Ce système artificiel d'exploitation, contraire à la nature des choses et soutenu entièrement par des lois protectrices, a commencé et s'est continué au moyen de « Compagnies » , qui peu à peu ont fini par englober, directement ou indirectement, la population tout entière ; en effet , les actions de ces Compagnies présentaient aux domestiques, aux ouvriers, et surtout aux jeunes femmes , le moyen le plus commode de placer leurs épargnes. Le Sud n'a pas tardé à découvrir qu'il était la victime dont le sang alimentait ce système ; aussi le voyons-nous se soulever contre lui en 1825 ; mais, à cette époque, il fut battu par une majorité de deux voix dans l'une des Chambres du Congrès, et de cinq dans l'autre. Les Yankees victorieux ont toujours conservé leur ascendant législatif depuis 1825 ; mainte fois le Sud a tenté de rétablir l'équilibre ; mais, lassé de voir échouer tous ses efforts ; il a rompu l'Union en 1861. Par le fait de cette rupture, les capitaux immenses que les Yankees avaient, pendant les quarante-cinq années précédentes , placés dans les entreprises d'une industrie protégée à l'aide de moyens artificiels, se sont instantanément trouvés sans valeur, privés qu'ils étaient du marché qui, sous la pression du tarif, avait jusqu'alors alimenté, soutenu tout le système, le seul marché qui leur fût ouvert au delà de la ligne du Potomac, le Sud. Dès que les Yankees ont senti le terrible coup porté à leur prospérité artificielle par la *sécession* des États du Sud , ils ont couru aux armes, et la guerre a pour le moment procuré un emploi temporaire à leurs capitaux placés dans des spéculations frappées de stérilité. La guerre, qui jusqu'à présent a retardé la ruine dans laquelle ils seront inévitablement entraînés, a servi aussi à leur cacher que cette ruine est inévitable.

Ce marché du Sud, dont le fructueux monopole avait attiré leurs capitaux, est aujourd'hui ouvert par les habitants du Sud à toutes les nations ; il ne saurait plus jamais retomber sous la protection exclusive des Yankees. La déception a envenimé la haine des monopoleurs à un degré de férocité qui dépasse les cruautés déployées dans les guerres de religion ; et chez les Yankees, la fureur anime jusqu'aux femmes, à qui elle fait oublier leur sexe, et dont la conduite inhumaine ne pourrait se concevoir, si elle ne s'expliquait, jusqu'à un certain point, par le tort que la chute du système protecteur menace de faire à leurs intérêts sociaux.

On comprendra maintenant le double point qui domine la situation des Yankees, savoir : le besoin de recouvrer et le privilége du transport des produits du Sud et le monopole du marché du Sud. Les Yankees sont pleinement convaincus que, privés de ces avantages, ils doivent être bientôt réduits à une position insignifiante, sous le triple rapport de la puissance politique, du commerce et de la marine. Aussi, étreints par les nécessités politiques, ressemblent-ils à des gens qui se battent ayant la corde au cou ; ils se battront, — il le faut, — en désespérés, à outrance, jusqu'à ce qu'ils aient dépensé leur dernier dollar, à moins que cette boucherie ne soit arrêtée par la sagesse de l'empereur Napoléon, par l'humanité de la France, par l'esprit d'entreprise de ses négociants et de ses armateurs. Oui, le Sud est à même de faire de la France l'héritière directe de la puissance maritime des Yankees. Je vais montrer par quel procédé bien simple cette substitution peut s'opérer ; comment, sans qu'il en résulte pour lui le plus léger préjudice économique, le Sud peut mettre le commerce français dans une situation excessivement avantageuse eu égard au commerce anglais, et faire qu'à l'avenir l'entrepôt général du coton pour toute l'Europe soit établi au Hâvre, au lieu de continuer de l'être à Liverpool. Si la France aide au Sud à secouer le joug des Yankees, le Sud, dans sa reconnaissance, ouvrira à la France cette féconde ressource de richesse nationale.

Je terminerai cette analyse des principaux points qui expliquent la situation des États du Nord, par une rapide esquisse du caractère yankee, qu'il importe de ne pas méconnaître.

Le puritanisme étroit, fanatique et sincère dans le principe, des ancêtres des Yankees de nos jours, a, dans le cours de six générations, dégénéré en un mélange d'hypocrisie, de cruauté, de fausseté, de manque total de respect de soi-même, de présomption grossière, d'indifférence pour les opinions d'autrui, d'insensibilité absolue pour le bien, de plaisir barbare à faire le mal, et de complète dépravation morale, qui aujourd'hui s'est révélé au monde entier comme formant le fond du caractère yankee, et dont Butler, Seward, Webb, Sheridan, Turchin, Mac'Neal, Paine, etc., ces Yankees pur sang, présentent de si parfaits modèles.

Il est nécessaire, pour ceux qui ont à jouer un rôle politique dans cette très-grave affaire, de bien peser, de bien comprendre les mobiles principaux qui inspirent et guident les Yankees. Ce sont les deux que je viens d'indiquer, qui, j'ose l'affirmer, font agir et continueront de faire agir les Yankees ; et, avant d'aller plus loin, je crois devoir exposer sur quoi je fonde mon opinion. Je désire qu'il soit bien entendu tout d'abord que je suis un ami dévoué de la cause du Sud, et que mon seul but en écrivant ces lignes est de contribuer à amener entre la France et le Sud une entente de nature à épargner à celui-ci de nouvelles souffrances et à le mettre en état d'établir son indépendance. Depuis quatre ans, j'ai tenté, à diverses reprises, de faire connaître à mes compatriotes le devoir important que l'Angleterre avait été, en 1861, mise en demeure d'accomplir envers elle-même, envers sa race dans le Sud, envers l'humanité tout entière. Je crois que le peuple anglais s'en serait noblement acquitté, s'il l'eût compris. Je n'entrerai point dans l'examen des causes qui l'ont empêché de saisir l'importance de ce devoir. Il me suffit de reconnaître à regret qu'il ne l'a pas compris et qu'il a laissé échapper la précieuse occasion, sur laquelle je me vois enfin forcé, en vue des intérêts de la justice et de la civilisation, d'appeler l'attention de la France. S'il se fût agi d'une question politique, j'aurais volontiers soumis mon jugement à celui de la majorité de mes compatriotes ; mais comme il s'agit ici d'une question de principe, qui embrasse (et c'est ainsi que je le comprends) les intérêts les plus élevés et les plus sacrés de la nature humaine, je n'hésite pas à mettre ces vastes et nobles intérêts, au-dessus des intérêts étroits et purement matériels de mon pays. Quelles que soient les récriminations qu'une pareille résolution soulève contre moi, je suis résigné à les subir. Aujourd'hui, c'est au peuple français et aux populations des Etats confédérés, et nullement à un public anglais, que je m'adresse.

Voici les raisons sur lesquelles je m'appuie :

En 1837, au fort de la grande crise commerciale et financière de cette époque, la Banque d'Angleterre me pria de devenir son agent et son représentant muni de pleins pouvoirs aux États-Unis, fonctions que j'acceptai et remplis jusqu'au milieu de l'année 1839. Les affaires que j'avais à traiter en Amérique m'initièrent à tous les rouages de la vie agricole, industrielle, commerciale et financière de l'Union ; j'étais constamment en communication personnelle avec les négociants et les hommes publics marquants du jour. En 1821, j'avais coopéré avec M. Ricardo et M. Mill à fonder le Club d'économie politique, et je me trouvais dans des conditions on ne peut plus avantageuses pour apprendre à connaître et approfondir l'organisation la plus complète du système protecteur qu'on ait jamais vue fonctionner. Je ne fus pas longtemps sans m'apercevoir que la mise en vigueur d'un pareil système était incompatible avec le maintien de l'Union. J'étais en rapports journaliers avec les partisans de la « Protection, » qui invariablement qualifiaient le « Libre Échange » d'utopie ne méritant pas d'être discutée sérieusement, de rêve, d'enfantillage, et raillaient les prétentions du Sud comme autant de chimères politiques ; néanmoins je fus à même de comparer les opinions de M. Calhoun et de M. Condy-Raguet avec celles de M. Webster et de M. Biddle. Je dirai, en dernier lieu, que M. Calhoun jugea à propos de me faire savoir que les États producteurs du coton avaient, dès cette époque, pris *irrévocablement* la résolution de se retirer de l'Union à la première occasion favorable ; les conversations de cet homme d'Etat éminent m'ont fait comprendre qu'avec le temps la « sécession » était une nécessité inévitable que rien au monde ne pourrait empêcher.

Au début de la lutte terrible engagée à laquelle nous assistons actuellement, j'ai fait connaître les convictions bien arrêtées avec lesquelles j'avais quitté les États-Unis en 1839 ; je vais les reproduire ici dans les mêmes termes. Je disais :

1° Que la sécession du Sud de l'Union était d'une certitude absolue ;

2° Qu'il n'était pas moins certain que les Yankees, partisans de la « Protection, » s'y opposeraient, dût-il leur en coûter leur dernier dollar ;

3° Que la guerre qu'ils feraient au Sud ne pourrait être prévenue que par la détermination immédiate et nettement prononcée de l'Angleterre de bloquer les côtes des États-Unis depuis Portland (État du Maine) jusqu'à l'entrée de la baie de Chesapeake ;

4° Que si l'Angleterre laissait les Yankees commencer la guerre, cette guerre ne serait terminée que par l'intervention armée de la France ou de l'Angleterre, ou de ces deux puissances réunies.

Maintenant que j'ai indiqué les conditions particulières dans lesquelles je me suis trouvé et qui m'ont mis à même de me former une opinion à ce sujet, et que j'ai développé les conclusions auxquelles je suis arrivé, je vais avec plus de confiance passer à l'exposition des traits que je regarde comme les plus saillants dans la position respective du Sud.

Le coton est devenu d'une nécessité générale, et le Sud est capable d'en fournir avec une abondance sans égale et d'une qualité qu'on ne peut se procurer ailleurs. Les ressources de ces contrées privilégiées sont telles que naturellement elles ont poussé les premiers colons à embrasser ce genre de vie, —

la vie agricole; — que partout les hommes ont trouvé le plus agréable et qui a toujours contribué le plus puissamment à former le caractère national de la plus noble trempe. Les Virginiens, les Caroliniens et les Géorgiens sortent ; d'ailleurs, presque exclusivement de la grande souche territoriale de l'ancienne *gentry* (noblesse de campagne) anglaise, race généreuse d'autrefois, noble tant par les hommes que par les femmes qu'elle a engendrés, et qui sur le sol du Sud n'a nullement dégénéré dans l'un et l'autre sexe de ce qu'elle était dans ses beaux jours sur la terre qui l'avait vue naître.

Les planteurs du Sud, résidant sur leurs domaines, occupés à pourvoir au besoin incessant et toujours croissant qu'a le monde de ce rare produit placé par la Providence à portée de leur activité, n'ont pas été tentés de se lancer dans les entreprises commerciales ou de courir les mers. Tous les métiers, toutes les professions exercées dans les villes, dans les villages du Sud se rattachent uniquement à l'agriculture, sauf dans les centres devenus de grands entrepôts, où les Yankees sont accourus pour faire les affaires de courtage, de banque, de vente, de commission et d'expédition maritime. Cette classe d'individus, que le célèbre John Randolph, de la Virginie, dans son fameux discours au Congrès en 1806, qualifie en termes dédaigneux « de trafiquants criards des ports de mer, d'hommes qui, à proprement parler, n'appartiennent pas à l'Amérique, qui font un commerce incertain, passager de sa nature, et, sous le rapport de la considération et de la solidité, bien au-dessous de ces branches régulières d'industrie consistant dans la culture et l'échange des produits américains » ces individus ont fini par amener les propriétaires du Sud à commettre l'erreur de consentir à l'établissement du

« système protecteur, » qui leur a été si funeste. Les planteurs du Sud n'ont jamais eu ni ne sauraient jamais avoir le moindre intérêt commun avec les Yankees. Pendant quelques années, de 1775 à 1783, ils ont eu temporairement celui de la défense commune contre le même ennemi étranger. Ce lien a cessé d'exister en 1783, et à partir de cette époque, il est impossible de découvrir le moindre profit, le moindre avantage que le Sud ait retiré ou puisse retirer de son alliance ou de sa confédération avec les Yankees, tandis qu'il est facile de démontrer quel énorme préjudice il en a éprouvé.

Le but unique du Sud est de récolter son coton, son tabac, sa térébenthine, son riz, etc. pour l'Europe ; le rôle naturel des nations européennes consiste à envoyer leurs navires dans le Sud pour en apporter les produits sur les marchés de l'Europe, et de lui porter en échange toute espèce de marchandises manufacturées. Les fabricants européens, d'un côté, et les agriculteurs du Sud, de l'autre, sont les seules parties intéressées ; il n'est pas plus besoin de l'intervention des armateurs et des financiers yankees que de celle des Esquimaux ou des Patagons. Cette intervention, résultat du tarif protecteur, est une intrusion forcée, et non un concours naturel ; et c'est pour faire de nouveau peser sur le Sud cette exploitation si lucrative pour eux que les Yankees combattent encore à l'heure qu'il est.

La population du Sud s'élève à douze millions d'âmes, et, sans les effets désastreux de son association politique avec les Yankees, le Sud serait aujourd'hui la troisième puissance du monde, après l'Angleterre qui occupe le premier rang, et la France qui occupe le second.

La quantité des articles *exportables* qu'une nation produit annuellement est la meilleure base d'après laquelle on puisse juger de son degré de capacité de se fournir les divers éléments de puissance maritime et militaire. Or la valeur totale des exportations de la France en 1860 était, en chiffres ronds, de 125,000,000 livres sterling ou 3,125,000,000 francs ; la même année, les exportations de l'Angleterre se sont élevées à une valeur totale de 164,000,000 livres sterling ou 4,100,000,000 francs ; dans ces deux sommes sont comprises les *réexportations* ; la valeur totale des exportations du Sud en 1860 dépassait de beaucoup 50,000,000 livres sterling ou 1,250,000,000 francs, non compris aucune réexportation de quelque sorte que ce soit. Ainsi, sous le rapport des ressources nécessaires au développement de la puissance maritime et militaire, le Sud occupe le plus haut rang après la France et l'Angleterre, et distance considérablement les Yankees.

M. Calhoun m'avait démontré que la grande puissance apparente des Yankees était entièrement empruntée au Sud. Il était entré dans les détails nécessaires pour prouver cette thèse ; je ne crois pas à propos de les reproduire ici ; les indications que j'ai fournies et les idées que j'ai émises suffisent pour mettre en mesure de se former un jugement par soi-même quiconque veut se donner la peine de réfléchir et ne veut pas être induit en erreur. Le Sud, ayant laissé les Yankees organiser une puissante marine à ses dépens, s'est trouvé en 1861, lorsqu'il s'est retiré de l'Union, à la merci de son impitoyable ennemi. Un homme d'État romain, au fort de la guerre civile, a dit : « *Qui mare tenet, cùm necesse est rerum potiri.* » ( Qui tient la mer, doit nécessairement être maître de l'empire [1]) : remarque profonde, dont la justesse est certainement prouvée par les événements de la guerre. Qui ne voit que, si le Sud eût possédé par lui-même ces ressources maritimes dont le Nord dispose et qui en réalité proviennent du Sud, il y a longtemps qu'il eût repoussé l'ennemi de son territoire ?

Cette dernière observation m'amène à relever les traits dominants de la position du Sud. Jamais le Sud ne se soumettra, — il ne le pourrait positivement pas, quand même il le voudrait, — au joug commercial et financier des Yankees. En même temps, les Yankees ne peuvent ni ne veulent ralentir les efforts qu'ils tentent pour le leur imposer de nouveau ; en effet, leur système artificiel de production au Nord et leur puissance maritime sont frappés de mort, s'ils ne réussissent à rétablir leur domination fiscale et commerciale sur le Sud. Mais le Sud, par suite du blocus de ses côtes et de l'avortement complet de ses efforts pour créer une marine, doit être tout à fait isolé, à moins qu'il ne parvienne à former une alliance avec une puissance assez forte pour le délivrer du blocus des Yankees. La France est plus puissante sur mer qu'il ne le faut pour cela ; mais le Sud doit faire en sorte que commercialement et politiquement la France ait intérêt à se ranger de son côté. Je serais d'avis que le Sud fît immédiatement la proposition suivante à la France :

« A partir de ce jour, et durant cinq ans après la cessation des hostilités entre nous et les Yankees, nous imposerons un double droit sur toutes les marchandises importées, et un droit d'exportation de 3 0/0 sur tous les produits exportés

---

1. Maxime politique attribuée à Thémistocle par le grand Pompée et citée avec approbation par Cicéron, lib. X. *Epist. ad Atticum*. E. 8.

à bord de navires autres que des navires appartenant à des Français et à des citoyens des États confédérés. »

Pour mieux comprendre la portée et l'effet de cette proposition, supposons que le Sud, dans un but financier, impose un droit de 10 0/0, *ad valorem*, sur toutes les importations étrangères, de sorte que toutes les marchandises, quelles qu'elles fussent, qui seront importées sur des bâtiments anglais auraient, *ipso facto*, à payer un droit de 20 0/0. Si un maître de forges anglais voulait expédier à Charleston pour une valeur de 40,000 livres sterling ou un million de francs de fer forgé, il faudrait qu'il embarquât ce fer sur un bâtiment français ; sinon, il paierait à Charleston 8,000 livres sterling (200,000 fr.) de droits, au lieu de 4,000 livres (100,000 fr.) ; et si un négociant de Liverpool envoyait chercher à Charleston une cargaison de coton, il faudrait qu'il payât à Charleston un droit d'exportation de 3 0/0, à moins qu'il ne frètât un navire français pour transporter cette cargaison à Liverpool. Cette mesure ne tarderait pas à avoir pour effet que les armateurs français transporteraient le coton tout droit au Hâvre, par exemple, où s'établirait immédiatement l'entrepôt des cotons qui a été jusqu'ici à Liverpool. Ce nouvel état de choses entraînerait avec lui, directement ou indirectement, de nombreux avantages commerciaux de différentes natures et d'une importance incalculable pour les négociants français.

Je ne m'appesantirai pas plus sur les ressources immenses que cette proposition procurerait à la France pour développer sa puissance maritime et étendre son commerce. Je ne saurais douter un seul instant qu'une nation intelligente, active et ambitieuse comme la nation française, hésitât à l'accepter ; je vais donc maintenant exposer les conditions auxquelles la

France doit souscrire pour s'assurer ces priviléges. Elle n'a rien à abandonner qui ne lui soit déjà tout particulièrement préjudiciable. La France est sur le point de modifier ses lois de navigation et de transit maritime, d'en adoucir les rigueurs. Or il faudra qu'elle prenne ce parti sur-le-champ, si elle accepte la proposition dont il s'agit ; car comment, sous la pression du moment, se procurer les bâtiments nécessaires pour embarquer ce surcroît soudain et considérable de fret, si ce n'est en laissant les négociants français aller acheter des navires là où ils peuvent les acquérir à meilleur marché et de meilleure construction? Or, les navires yankees, mis désormais hors de service par suite de la « sécession » du Sud, ne sont-ils pas d'une facile acquisition? Et même garnis de matelots?— la France ne doit point empêcher ses armateurs d'employer sur leurs navires les marins qu'ils pourront trouver, à quelque nationalité qu'ils appartiennent ; il suffira certainement qu'à bord de chaque bâtiment le capitaine, les officiers et un quart de l'équipage soient français de naissance.

II

Je sais bien que ce plan soulèvera naturellement des objections, en apparence de quelque importance, de la part des hommes d'État français. Jusqu'à ce jour, la France était, comme par la force de l'habitude, portée à croire fermement à la grandeur réelle et solide des ressources des Yankees, se complaisant à nourrir l'idée qu'au Nord de l'Amérique prospérait, croissait de jour en jour une forte puissance maritime, essentiellement hostile à l'Angleterre, et sur l'amitié et l'alliance de laquelle elle pouvait compter. De leur côté, les Yankees, convaincus de ce penchant naturel des Français, se sont toujours hautement dits les amis et les alliés reconnaissants de la France, tout prêts à la première occasion à prendre parti pour elle contre l'Angleterre, l'ennemie naturelle, comme ils se plaisent à le soutenir, des uns comme des autres. La France verrait sans doute avec regret, dans des circonstances ordinaires, un État qu'elle suppose être son allié, perdre sa puissance maritime ; mais, lorsque c'est à elle que doivent revenir les éléments de cette puissance, elle aura plutôt à s'en réjouir qu'à s'en affliger. Or rien ne pourra empêcher ce transfert, si elle s'allie aujourd'hui avec le Sud, si elle sait conclure cette alliance de la façon bien simple que je viens de suggérer. Au point de vue commercial et politique, la France en retirera une rémunération magnifique, destinée à rendre le second empire bien supérieur au premier en gloire et en puissance, d'autant plus que la France n'aura désormais besoin d'aucune autre alliance en Europe ou en Amérique.

Comparativement à ce splendide résultat, la France ne doit pas évaluer à un chiffre bien élevé les frais de la guerre mesquine qu'il est possible (mais improbable à mon avis), qu'elle juge opportun d'entreprendre contre les Yankees. Mais, objectera-t-on, est-il juste de qualifier ainsi à la légère une pareille guerre de mesquine ? Cette qualification est facile à justifier. Si les Yankees veulent nuire à la France, il faut à tout prix qu'ils lui fassent une guerre agressive. Or quels sont leurs moyens d'agression ?

Les Yankees ont déployé de grandes forces agressives *contre le Sud*, parce qu'ils ont eu l'autorité sur mer, parce que le gouvernement anglais a reconnu leur blocus, parce que le gouvernement anglais a toléré qu'ils s'approvisionnassent d'armes et de munitions anglaises, qu'ils recrutassent des soldats et des marins anglais, pour combattre le Sud. Mais le gouvernement anglais ne pourrait permettre la continuation de ces facilités en faveur des Yankees, si ceux-ci faisaient la folie de déclarer la guerre à la France ; car le gouvernement anglais sait que la France est une nation forte et puissante.

Que la France pèse avec sang-froid les éléments, la force d'agression dont les Yankees peuvent disposer *contre elle*. Le premier de ces éléments consiste dans la nature, la quantité et la qualité des divers articles susceptibles d'être exportés que les Etats du Nord produisent naturellement et non par des moyens artificiels. Il ne faut classer dans cette catégorie rien de ce que les Yankees ne puissent offrir *sur le marché de l'univers* en concurrence ouverte avec les produits analogues des autres nations. Il faut aussi en rejeter tous les objets qui dépendent pour leur production d'une législation artificielle, et pour leur vente du marché forcément ouvert du Sud réduit à une espèce de vasselage. Le second élément réside dans le nombre de marins yankees nés dans les États du Nord, en en retranchant toutefois les Marylandais, qui sont des habitants du Sud, et les Pensylvaniens pour une raison différente ; or ce nombre n'est pas très-considérable. Le troisième élément est représenté par le tonnage total de leurs navires, lorsque leur marine sera réduite aux proportions purement suffisantes pour l'exportation des produits yankees *proprement dits*. Une fois ces éléments de force *agressive* appréciés avec soin, recherchons, calculons ceux que présente la France, et comparons. Le résultat de la comparaison ne peut qu'exciter notre sourire [1].

Néanmoins j'admets qu'au début d'une guerre, même contre la France, les corsaires yankees fassent des prises considérables sur mer. Mais dans ce cas, où prendront-ils les moyens de soutenir, de prolonger ce premier avantage ? Dans les quatre années qui viennent de s'écouler, ils ont épuisé, plus qu'épuisé tous les capitaux qu'ils avaient depuis longtemps accumulés. Une nation court rapidement à sa ruine, quand elle consomme chaque année en pure perte plus qu'elle ne produit annuellement. Personne n'ira supposer que dans les quatre dernières années, la production annuelle ait été chez les Yankees d'une valeur assez élevée pour remplacer tous les ans la somme de capitaux qu'ils ont chaque année dépensée d'une façon improductive. Ces considérations et plusieurs autres analogues convaincront tout homme qui réfléchit, qu'ils n'ont point de fonds de réserve pour soutenir le grand étalage de puissance,—puissance factice et purement apparente,—qu'ils déploient aujourd'hui. Tout ce qu'ils peuvent réellement montrer pour justifier leurs énormes dépenses, ce sont quelques vaisseaux vraiment redoutables, et une grande quantité de bâtiments usés ou peu propres au service. Je ne saurais dire si cette marine est assez nombreuse et assez formidable pour

---

1. Dans les approximations qui précèdent, j'entends comprendre l'industrie yankee des pêcheries, mais je n'inclus pas celle du pétrole de la Pennsylvanie.

défendre leurs côtes contre le blocus de la France ; mais si elle l'était, ce ne serait qu'à la condition de lever eux-mêmes le blocus des ports du Sud. Je ne vois donc rien de bien terrible dans les forces dont pourraient disposer les Américains du Nord pour tenter une guerre *d'agression* contre la France ; d'ailleurs, d'après ce que je connais du caractère yankee, je doute beaucoup qu'ils osent la provoquer.

Cependant les Yankees sont tellement aveuglés sur leur propre situation, ils se font tellement illusion eux-mêmes sur l'énormité de leur puissance, qu'il pourrait bien arriver que sans aucune réflexion ils se jetassent tête baissée dans les risques d'une nouvelle guerre. Vaniteux, fanfarons, téméraires, audacieux, ils tentent toujours de pousser les choses jusqu'à la limite extrême où le leur permet l'ignorance ou les craintes de ceux avec qui ils ont affaire. Mais ils sont entièrement dépourvus de fonds moral, ils n'ont aucune dignité, aucun respect humain, et manquent absolument de fierté, de grandeur dans l'esprit comme dans le caractère ; si la France venait à se déclarer ouvertement en faveur du Sud, en appuyant sa déclaration des préparatifs militaires et maritimes, je ne doute pas, d'après l'expérience que j'ai de leur façon d'agir, qu'on les verrait bientôt céder.

La dernière mission de M. Blair à Richmond a pu être une simple manœuvre yankee, un tour d'astuce ; mais je m'en rends plutôt compte en la considérant comme un témoignage de la condition désespérée à laquelle ils ont conscience d'être réduits. Leurs finances, je le sais, et tout le monde peut le voir, sont à deux doigts de la banqueroute ; ils ne peuvent plus rien emprunter ; depuis plusieurs mois ils sont forcés de réexporter des cargaisons entières de marchandises sans entrer en déchargement, parce qu'ils sont incapables de les payer en valeurs métalliques ou en produits mercantiles de leur sol d'une égale valeur ; les enrôlements, même avec prime de 1,000 dollars (5,000 fr.) par homme, ne vont plus, et ils reculent devant une tentative de conscription forcée. Le prétentieux échafaudage de leur puissance ne repose sur aucun fonds solide de ressources nationales, et, d'après tout ce que j'ai appris et observé lors de mon séjour parmi eux, pendant lequel j'ai soigneusement recueilli et pesé toutes les opinions, d'après l'expérience que j'ai acquise de leur caractère vacillant et présomptueux, je suis convaincu que, dès l'instant où la voix de la France s'élèverait au-dessus du vacarme de cette misérable jactance qui remplit aujourd'hui les airs, on verrait s'évanouir le vain fantôme de leur éphémère grandeur.

Oui, telles sont mes convictions, pourvu que l'attitude et le ton de la France soient *indubitablement résolus et pressants;* mais je ne m'imagine point que mes opinions doivent peser dans la balance auprès des motifs qui sont de nature à influencer son action politique. Quand même l'étude que j'ai faite du caractère yankee et les conséquences que j'en tire pour l'avenir porteraient à faux dans les circonstances exceptionnelles créées par l'enivrante illusion dont les Yankees sont le jouet aujourd'hui, l'importance du but que la France atteindrait la rémunèrerait amplement de la guerre qu'elle pourrait se trouver obligée d'entreprendre contre eux. L'union réelle de la France avec le Sud, tout en élevant promptement le Sud au rang de puissance de premier ordre et en le rendant à tout jamais l'allié fidèle de la France, ferait de la France la première puissance du monde, et ce grand résultat s'obtiendrait d'autant plus rapidement, grâce à ce que l'Empereur Napoléon a déjà accompli au Mexique, et grâce à la cession indirecte d'un *territoire colonial* qui, je le vois avec plaisir, est à la veille de lui être faite dans les provinces nord-ouest de cette contrée.

## III

En s'unissant avec le Sud, la France mettra la justice de son côté techniquement et moralement. La France a en vertu des traités le droit de faire du commerce avec Charleston, la Nouvelle-Orléans, Mobile, etc., aussi bien qu'avec New-York et Boston. Voici quatre ans que les Yankees la privent de la jouissance de ce droit basé sur les traités : ils se complaisent à prétendre que Charleston, la Nouvelle-Orléans, etc., forment toujours des parties constituantes, intégrantes et légitimes de l'Union, et ils insistent pour faire admettre cette prétention comme un fait par les autres nations. Or, si c'est effectivement un fait, comme le soutiennent les Yankees, alors ceux-ci n'ont pas le droit, pour la satisfaction de leur égoïsme et à leur soi-disant avantage, de refuser à la France la jouissance de la faculté que lui confèrent les traités de faire du commerce avec ces ports du Sud. A envisager la question à ce point de vue, qui est le leur, ils devraient à la France une ample indemnité pour le dommage que, par la violation du droit qu'elle tient des traités, ils lui causent volontairement à leur propre avantage. A une demande d'une indemnité de ce genre par la France, il serait impossible aux Yankees d'opposer que ces villes sont en rébellion contre *leur* autorité, et que, quoique désireux de voir la France jouir pleinement des droits que lui accordent les traités, ils sont empêchés par une force hostile, un obstacle venant du dehors, de protéger la France dans la jouissance de ces droits, parce qu'il est notoire que ces villes sont parfaitement disposées à entretenir des relations commerciales avec la France, mais qu'elles en sont forcément empêchées par les Yankees eux-mêmes ; que si l'ancienne Union des États-Unis eût jamais l'autorité de commander l'obéissance, cette Union a cessé légalement d'être la *même* Union qu'elle était avant 1861, par suite de la « sécession »de la Virginie accomplie cette année-là de la manière et dans la forme prévues dans l'acte original de l'entrée de cet État dans l'Union le 26 juin 1788, et que, en conséquence, le soi-disant président et les soi-disant organes de l'Union à Washington n'ont point qualité légale pour exercer les droits appartenant à la défunte Union, ni ne sauraient être tenus d'en remplir les obligations.

Si, d'un autre côté, les États du Sud ne sont pas plus de droit qu'ils ne sont de fait parties intégrantes de l'Union ( quelle qu'elle soit), à quel titre, de quel droit les représentants yankees d'une Union nouvelle et non reconnue jusqu'à ce jour prétendent-ils entraver la France dans l'exercice d'un droit que la France tient des traités conclus avec l'ancienne Union, aujourd'hui morte légalement, d'un droit que les souverainetés directement intéressées désirent voir conserver à la France? Au surplus, que la France veuille bien se souvenir que les Louisianais sont Français ; qu'elle a elle-

même des droits tacites qui l'autorisent à exiger que les conditions auxquelles elle a cédé la Louisiane à l'ancienne Union
des États-Unis soient observées ; que ces conditions ont été
et continuent d'être violées d'une manière flagrante par le
gouvernement yankee d'à présent ; et qu'elle est engagée
d'honneur envers ses anciens frères et sujets à en demander
le strict accomplissement.

# CONCLUSION

Il est, je le sais, très-difficile, dans des circonstances ordinaires, de déplacer ou de renverser un marché, un entrepôt
commercial une fois établi ; mais, en ce moment, une pareille
entreprise peut sans aucun doute parfaitement réussir, no-
tamment par rapport à Liverpool et au Hâvre, au moyen de
l'alliance que je suggère, conclue sur les simples bases que
je propose. Il est de notoriété historique que de grands marchés commerciaux ont changé, se sont déplacés ; il appar-
tient à l'homme d'État de rechercher leur origine et les causes
de leur développement, de leur prospérité, de leur décadence
et, comme dans le cas d'Alexandrie, de leur renaissance.
Dans le courant de janvier 1862, j'ai entretenu l'ambassa-
deur de France de ce sujet ; je n'ai cessé d'y réfléchir depuis,
j'ai fait connaître quel titre j'ai à être écouté en pareille ma-
tière, et je suis pleinement et fermement persuadé que des
conditions militent en ce moment en faveur du transfert du
marché des cotons de Liverpool au Hâvre et que la France
peut aisément en profiter.

Au nom de ses intérêts commerciaux et industriels, la France doit sérieusement considérer qu'à l'heure qu'il est elle a le choix entre l'alternative de devenir tout à fait indépendante de l'Angleterre pour le transport et l'approvisionnement du coton, et celle de voir avant peu son commerce subordonné à l'Angleterre, par suite des efforts immenses que fait cette puissance pour encourager la culture du coton aux Indes.

L'émulation dans cette direction est déjà si active dans ce pays, que, ainsi que nous l'apprend une correspondance remarquable publiée dans le *Times* du 14 janvier, l'importation des métaux précieux dans la seule province de Bombay, pendant la période de trois années finissant en décembre 1864, a été, seulement *en échange de coton*, de soixante millions de livres sterling (1,500,000,000 francs). En présence d'un fait si extraordinaire, les manufacturiers et les négociants français n'ont pas de temps à perdre, à moins qu'ils ne préfèrent abandonner toute chance de jamais marcher dans l'arène commerciale de pair avec l'Angleterre, et se contenter désormais de rester en arrière.

JOHN H. COWELL,

*41, Gloucester-Terrace, Hyde Park, W.*

Londres, ce 15 février 1865.

* 9 7 8 2 0 1 2 9 8 5 6 1 2 *